이태규 단시 선집

바람 365

이태규 단시 선집

바람 365

이태규 지음

시인의 말

선택받는다는 것은 경이로운 일이다.
우리는 매 순간 선택받고 선택하면서 산다.
모든 만물이 그렇다.

세상의 숲에서
듣고 겪고 느끼고 깨달은 1,000개의 단시 중에서
365개를 선택하여 선시집을 엮는다.
누군가에게는 아주 유익한
맞춤 언어가 되었으면 좋겠다.

2025년 봄
지족당에서

바람 365

오늘은 기적을 이루고 싶은 날이고

기적을 이루는 날이고

기적을 이룬 날이다

바람 *365*

001

시작은 무모하고, 끝은 허무할지라도
오늘 사랑하라

002

삶이란 많은 사람이 그려놓은 그림 속에
자기를 그려 넣는 일이다.
감사하는 마음이 있을 때만
알맞은 틈새가 생긴다

003

그때 일어날 일은
그때가 되어야 알 수 있다

004

혼자
걷는 길은 외로운 길이고, 둘이
걷는 길은 이야기가 있고, 셋이
걷는 길은 웃음이 있고, 함께
걷는 길은 행복이 있다

005

앞에 뛰는 놈은
자기가 왜 뛰는지 알지만,
뒤따라 뛰는 놈은 왜인지도 모르면서
뛴다

006

하늘의 별은 불을 꺼야 보이고
지상의 별은 눈에 불을 켜야 보인다

007

자식들은 부모를 정신 차리게 하는
묘약이다

008

자기를 위해 이룬 것은
작은 성공이고
가족을 이루고 사는 것은 큰 성공이다

009

네가 먼저 다가와서 꼬리 치더니,
짖어대는 것은 무슨 배신이냐?

010

흩어져있는 듯 바로 서 있고
바로 서 있는 듯 흩어져있는 것이
자연이다

011

무능한 지도자는
아랫사람의 능력을 경계하고,
유능한 지도자는 아랫사람과 함께
성장한다

012

할 수 있는 일을 해주는 것은
자연스러운 일이고,
해주기 어려운 일을 해주는 것이
도움이다

바람 *365*

013

말 잘하는 사람보다,
잘 말하는 사람이 좋은 사람이다

014

친구가 많다는 것은
평소 관계에 소홀하지 않았다는 뜻이다

015

어머니는 화장장 화구로 빨려 들어갔다,
불은 삽시간에 모든 걸 태워버렸지만,
어머니는 태우지 못하고
엄마꽃으로 활짝 피어났다

016

처음 만난 사람을
의심부터 하는 세상이 되었다,
의심한 것이 부끄러운 세상이 되면 좋겠다

017

상처를 많이 받는 것은 자신의 천성
때문일 때가 많다

018

우리는 무심코 음식을 먹지만,
곡식은
우리 몸의 일부가 되기 위해서
자기를 땀 흘려 키운다

019

젊음을 응원한다,
긴 미래의 행복을 위해서 오늘에
피나는 투자를 해 보라

020

시는
모든 사람의 공통언어가 아니다,
단 한 사람을 위한 맞춤 언어이다.

021

남들 있는 곳에서 우는 것은 그저 우는
것이고
혼자 우는 것은 진짜
설움이다

022

한 번쯤

미쳐보지 않은 삶은 삶도 아니다

023

홀로 날아가는 기러기를 바라보지 마라,
홀로 바라보면 더 외로워진다.

024

이슬방울을 하찮다 하지 마라,
지구상에 있는 모든 것들의 공동
우물이다

025

구름이라고
울음이 없을까?
껄껄껄 웃더니 눈물도 흠뻑 쏟아낸다

026

순기능보다
역기능이 더 많다는 것을 알면서도
그대로 하려는 것은 고집이다

027

수양이란 허약한 마음에 여물을 먹이는
일이다

028

오른손이 부실하면 왼손을 다치기 쉽다

029

누가 봐도 아름다운 꽃은
보는 사람이 없어도 아름답다

030

물속에서 흘린 땀방울은 보이지 않는다,
세상은 이런 땀방울이 움직인다

031

누구나
새끼강아지에게 마음을 빼앗기는 것은
공격할 수 없다는
확신이 있기 때문이다

032

하느님이 세상을 창조하면서
인간에게만 선과 악을 다 준 것은
선의 가치를 높이려 했기 때문이다

033

믿음 속에는
의심이 숨어 있다.
완전한 믿음을 얻기 위한 노력을
계속해야 한다

034

아주 친절한 말이
누구에게는 반가운 일이지만,
누구에게는 오해가 될 수도 있다

035

눈은 급한 성격을 가졌고
손은 느긋한 성격을 가졌다

036

말을 거는 것은 믿음이 있다는 뜻이다

037

쓰레기 산에는 미래를 배워야 할
진화와 퇴화가 공존하는 공간이다

038

이익만을 찾는 사람은 보이지 않는
손해를 볼 때가 있다

039

남을 돕는 일이 자기를 돕는 일이라고
생각할 때
남을 쉽게 도울 수 있다

바람 *365*

040

세월이 지나면 갈등은 추억이 되고
추억은 그리움으로 남는다

041

배곯아서
망가진 사람보다
마음 아파서 망가진 사람이 더 많다

042

말을 많이 하면 실수하기 쉽고
침묵이 오래가면 오해받기 쉽다

043

남들과는
큰 것으로 싸우고
부부는 작은 것으로 싸운다

044

하지 말아야 할 일을 하는 것이
고집이고 해야 할 일을 하지 않는 것도
고집이다

045

남을 용서하지 못하면
그만큼 자기도 힘든다

바람 *365*

046

젊었을 때는
욕심과 의욕을 혼동하기 쉽다.

047

가마솥에
불을 때면 솥뚜껑 아래 서려 있던 김이
눈물이 되어 주룩 흐른다
며느리 눈물이 흐른다

048

아무리 좋은 목표를 세우더라도
목표에 도달하기 어려운 것은
현재를 기준으로 목표를 세우기 때문이다

049

우리는

타인을 다는 저울만 가지고 살 때가 많다

050

누가 봐도
무모한 일이라고 생각하는 일에
도전하는 것은 현명하지 못한 처신이다

051

가난 속의
부모 사랑은 자식의 인격을 키워 준다

바람 *365*

052

갈등하지 않으면 지혜가 생기지 않는다

053

세상에서
가장 어리석은 사람은
상대방이 속고 있다고 생각하는 사람이다

054

잔소리에
귀 기울였다는 것은
타인의 인격을 존중했다는 뜻이 된다

바람 *365*

055

보편적인 생각이 세상을 지배할 때
평화롭다

056

봄은 왔지만,
겨울잠에서 깨어나지 못하는
개구리도 있다

057

서로 반목하는
사람이라도 피차에게 큰 이익이
발생하면 일시적으로라도
반목이 사라진다

058

노인의 병은 외로움이다.
외로움의 치료 약은 소통이다

059

배곯는 사람들을 위해서
코끼리나 하마가 먹는
잡초를 식용으로 연구할 필요가 있다

060

봄은
높은 봉에 잔설을 녹여 봄꽃을 피워
제 몸을 단장하는 계절이다

바람 *365*

061

태풍 불 때 보면 안다.
벌레 먹은 나무와 지나치게
세를 불린 나무가 먼저 부러진다.

062

파리가 두 손으로 빌기에
사과하는가 했더니, 금방 밥 위에
가서 앉는다

063

유식하고 지체 높은 사람보다
정 많고
지혜로운 사람이 더 기쁨을 준다

바람 *365*

064

우리는 상대방을 잘 알려고 하지 않고
상대방을 잘 안다고 생각한다

065

파가
겨울을 났다고 부추가 되지 않는다

066

외로워야 그리워진다

067

멀리 있는 것은
커도 작은 것이고,
가까이 있는 것은 작아도 큰 것이다

068

사람들은
자기 몸을 자기 것으로 알고 함부로 할
때가 많다

069

세차게 부는 바람도
멈춰 서고 싶은 언덕이 있다,
바람은 고마워하는 언덕에 멈춘다

070

문명이 소외된 곳에서는
자연을 친구 삼게 하고 심성이
부드러워진다

071

신뢰가 깨지면 소박한 사람이 먼저
실망한다

072

자기의 말이 얼마나 억지인가를
아는 것이 이성이고
모르는 것이 몰염치이다

073

평범하게 사는 것이 행복이라고 말한
사람이
등산할 때 앞장서서 올라간다

074

부모님께 받은 것은
커도 작아 보이고
자식에게 받은 것은 작아도 커 보인다

075

많은 사람을 만나는 것이 복이다,
진실한 사람을 많이 만나는 것은
축복이다

076

욕하는 자의 머리말에는
늘 근심이 쌓이고
칭찬하는 자의 머리말에는 늘 웃음이
쌓인다

077

봄은 세월을 따라오지만,
인생의 봄은 마음을 따라서 온다

078

자식을 이기는 아버지는 있지만,
손자를 이기는
할아버지는 많지 않다

079

결혼은 일생 중 가장 큰 걸음이고
이혼은
가장 무거운 걸음이다

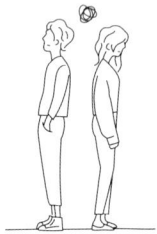

080

모든 생명체는 한쪽은 생명과
다른 한쪽은 관계라는 끈에 연결되어
있다

081

희망은 부슬부슬 무너지면
다시 보수해야 하는 흙담 같은 것이다

바람 *365*

082

우연히 바라본 하늘에서

구름이 끌고 가는 시간을 보았다

083

같은 돌길을 걷는다 해도
사람마다 그 충격이 다르게 느껴진다

084

글을 읽기도 전에
누가 쓴 글이냐를 따지는 것은
어리석은 일이다

바람 *365*

085

자기가 변해가는 것을 느끼는 것이
나이를 먹는 현상이다

086

맞아야 할 비바람이라면
피하지 말고 맞는 것이 현명하다

087

훌륭한 기술은
아무리 오래되었다 하더라도 새것으로
바꿀 필요가 없다

088

잘못된 습관을 고치면
다른 사람이 감동하고
잘못하지 않고 살면 자기를 감동시킨다

089

타인의 고통을 보고
외면하기는 쉽지만,
자기의 감정까지 외면하기는 쉽지 않다

090

좋은 상품 하나가
나라를 키우고
존경받는 한 사람이 나라를 세운다

091

부탁할 때는 정중하게 거절할 때는
박절하지 않게 하는 것이
좋은 생활습관이다

092

나이가 들어갈수록
등 뒤에서 들려오는 목소리에 귀 기울일
필요가 있다,
벼슬한 사람은 더욱 그렇다

093

마음을 비우는 것이 채우는 것보다
어려운 것은
비우는 것이 손해 보는 것처럼
느껴지기 때문이다

094

인간관계가 좋은 사람은

자기 가까이 있는

사람을 소중하게 생각하는 사람이다

095

상대방의 말을 인정하면서
자기의 주장을 펼칠 때 설득력이 생긴다

096

농사를 짓다 보면
날카로운 성격이 무뎌지고
깔끔하던 성격이 털털해진다

097

개구리가 기어 다닌다고 두꺼비가
되지 않는다

098

부처님 가운데 토막이라는 말은 있는데
왜 예수님 가운데 토막이라는 말은
없는지 궁금하다

099

정이 많은 사람은
자기가
혹시 의존적인 성격이 아닌가 생각해 볼
필요가 있다

100

살다가 보면 한두 번쯤

비굴할 수 있지만,

성공한 후에도 비굴은 지워지지 않는다

101

친하게 지내는 사이일수록 예상치 못한
답변이 나올 때
배신감을 느낄 수 있다

102

사람들은
반려동물이 자기 뜻대로 해줄 거라고
착각하면서 산다

103

인연이란 하늘이 만들어주는 것이

아니라

자신이 만들어가는 것이다

104

결정력이 빠른 사람은
적응이 빠르지만 실패할 가능성도 높다

105

자식을 키울 때는
키우기에만 집중했는데,
손주가 생기니 그 아기가
살아갈 세상까지 걱정하게 된다

106

추억이란

지나간 기억이 아니라 지금 살아있는

생각이다

107

한번 묻지 않으면
평생 수치스러울 수 있다,
모르는 것을 묻는 것도 용기이다

108

친구란 내 마음을 모두 알아주는 사람이
아니다,
절반 정도만 받고
절반 정도만 주면 된다

109

빨갛게 녹슬고 꼬부라진 못의 녹을
벗기려 들지 말아라,
아픈 삶의 기록이다

110

오늘은 기적을
이루고 싶은 날이고 기적을
이루는 날이고 기적을 이룬
날이다

111

소중한 게 무엇인지도 모르고 사는 것이
인생이다

112

태양은

바다를 뻘겋게 생채기 내놓고야 밤길을

간다

113

오늘은 당신을 품에 안고
밤을 지새워야겠다,
당신은 나를 키워 준 책이니까

114

백년해로하는 힘은
싸우는 기술보다 화해하는 기술에서
나온다

115

과학은 이로운 것도 많지만,
그 이름으로 속고 살 때도 많다

116

강이 누구의 눈치도 보지 않고 출렁이는
것은
자기를 믿기 때문이다

117

친구는
기억할 일들을 쌓아가는 사이이다,
그래서 부모가 가장 좋은 친구가 될 수 있다

바람 *365*

118

도시는 내 손에 갈퀴를 달게 했고 눈에
불을 켜게 했고 주머니를
자꾸 보게 했다

119

단순할수록 행복에 가깝게 사는 것이다

120

걱정한다고 불행이 사라지지 않고
분개한다고
행복이 찾아오지 않는다

121

아무리 친구가
많아도 친구 중 한 사람이라도
반목한다면 행복할 수 없다

122

숨을 내쉬고 들여 쉬지 못하면 죽는다,
들여 쉴 힘만 있으면 산다

123

자기가 다른 사람보다 낫다고 생각하는
사람은
보통 사람의 행복을 포기한 사람이다

124

말은 하기는 쉽지만
그 뜻을 전달하기는 어렵다,
듣는 사람의 상황에 따라서 말이 변하기
때문이다

125

책은
쓴 사람보다
읽는 사람에게 더 많은 몫을 챙겨 준다

126

반찬가게가 성업하는 시대다,
가족이 만들어 준 음식이 더 따뜻하다

127

한 가지 일을 열심히 하다 보면
자기도 모르는 사이
더 좋은 일이 곁에 와 있다

128

자식이 부모를 한두 번 가슴 아프게

하지 않으면 자식도 아니지

129

누구에게

용기를 주는 것은

그 사람의 인생을 바꿀 계기를 마련해

주는 일이다

130

돈이 없어서 비참한 것보다
양심의 가책을 받는 것이 더 비참한
일이다

131

자기의 능력보다 과분한 대우를 받을 때
더 겸손해야 한다

132

결혼하면 책임감이 생기고
책임감은 잠재된 능력을 발현시켜 준다

133

나중에 일어날 일을 미리 안다고 하는
것은 교만이고
미리 알려고 하는 것은 겸손이다

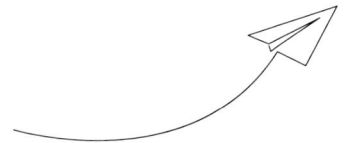

134

몸은 발끝에서부터 차가워지고
말실수는 가까운 곳에서부터 시작된다

135

내가 한 일이 남을 위한 일이고
남이 한 일이 나를 위한 일일 때
살만한 세상이 된다

136

관심을 두는 것도 사랑이고

관심을 두지 않는 것도 사랑이다

137

좋은 약은 수많은 가설과 실험을 통해서
얻어지지만,
어떤 사람에게는 그래도 독이 될 수
있다

138

첫 음식이지만 끌리는 것이 있듯이
사람도 그렇다

139

아무리 좋은 칼이라도
용도에 맞지 않으면 쉽게 망가진다,
지식이 칼이다

140

세상은 자기의 노력만큼 보상해 준다
그 이상을 바라는 것이
욕심이다

141

평소에 쓰던 말도
신분이 상승하면 그대로 쓰면 안 된다,
그것이 실수다

142

욕심이 많은 곳에는 사기꾼이
끼어들 틈이 생긴다

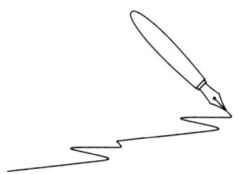

143

누가 들어도 농담인 말을
자기만 농담으로 듣지 못하는 것은
자기의 옹졸함 때문이다

144

가난이란 보물은 나를 철들게 했고,
발바닥을 튼튼하게 만들었다

145

세상을
섣부른 눈으로 보면 모순투성이지만,
다 그럴만한 이유가 있다

146

속으로는 인정하면서 부정적인 의견을
낸다면
머지않아
이중인격자로 낙인찍힐 수 있다

147

건강을 지키는 것은 자기를 위한
것이지만,
배우자에 대한 배려이기도 하다

148

남의 처지를 함부로 말하는 것이
막말이다

149

물속에서 자유로운 물고기가
물 밖에서도 자유로울 수는 없다

150

많은 사람과 교류하는 것은
다양한
지식을 얻을 기회를 얻는 일이다

151

인생이 유한하다는 걸 모르는 사람은
없지만,
유한한 것을 생각하면서
사는 사람은 많지 않다

152

말은 정직할 때 힘을 얻지만
때로는 침묵할 때 더 큰 힘을 얻을 수
있다

153

여름은
계곡 맑은 물로 제 몸을 씻어 정제하는
계절이다

154

관심을 가지고 살면

모르는 것을 알게 되고

잃어버렸던 일도 기억나게 한다

155

남이 하는 일이 잘 되었다고
무작정 모방하다 보면 잘못될 확률이
높아진다

156

기다리는 시간을 잘 참고 서로 친절한
곳이
병원 진료대기실이다

157

자식은 부모의 숨소리를 듣고 자라고
부모는 자식들의 발소리를 듣고 늙는다

158

똑같은 일을 하면서도
어떤 사람은 행복하고 어떤 사람은
불행하다

159

병원에 가면
주사기로 내 생각은 다 빼내고
복종만 남겨 놓는다

160

백 년도 못 사는 인생인데
이놈은 이렇고 저놈은 저래서 다 버리고 나면
누구랑 살 텐가?

161

머리로 배운 기억보다 몸으로 배운
기억이 오래간다

162

방아깨비가 날아와서 손등에 앉는다,
풀 한 포기 나무 한 그루 인연 없는 게
있던가?

163

사람들은 누구나 주변에 우군과
적군을 두고 산다

164

애인을 만나려고 잘 차려입고 나가는데
비가 온다

165

선물은 줄 때만 설레었는데
받은 선물은 볼 때마다 설렌다

166

성공한 사람의 경험담보다
실패한 사람의 경험담을 듣는 것이
인생을 깨닫는데
더 도움이 된다

167

어머니가 나를 버리고 가셨다고
생각했는데,
어머니 무덤에 가보니 내가 어머니를
버렸다

168

배부른 사람은
백지에 꽃을 그려 넣지만
배고픈 사람은 밥을 그려 넣는다

169

부모가 자식을 위하여 할 수 있는 가장
큰 사랑은
자식을 건강하게 키우는 일이다

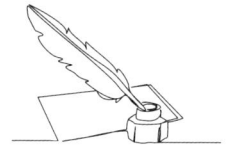

170

설마 하는 마음으로
위험한 일을 그대로 할 일은 아니다

171

노인에게는 어디가 아프냐고 묻지 말고,
안 아픈 데가 어디냐고 물어라

172

누구의 소식을 기다리는 것은
즐거운 일이다,
그래서 오늘도 전화를 건다

173

경험에서 나오는 지혜는 배신하지
않는다

174

신발은
조금 낡아야 편하고
친구는 오래될수록 슬거워진다

175

아무리 좋은 기구라도
사용하는 사람에 따라 그 기능이
달라진다

176

속 좁은 사람에게
너그러운 친구가 있다는 것은 행운이다

177

자기에게 말을 걸어오는 사람은
고마운 사람이다,
자기가 낯선 사람에게 말 걸 때를
생각해 보면 안다

178

돈이 조금만 더 있으면 좋겠다고
아쉬워할 때까지가 자기의 돈이다

179

적을 방어하기 위해 쌓은 성벽에도

출입문은 있다

180

수도꼭지를

많이 틀면 물이 많이 나오고

마음을 많이 열면 고운 말이 나온다

181

자기를 위기에서 구하는 방법은 사전 준비뿐이다

182

남에게 속마음을 내놓지 않으면
신비로울 수는 있으나
친밀감은 떨어진다

183

실패한 사람은 대부분 인색한 사람이다

184

사람들은
새가 운다고 하는데 새는 한 번도 운
적이 없다

185

어떤 시인이나 철학자도
겨울을 건너온 냉이만큼 시원한 국물을
내지는 못한다

186

떡은 제 몸을 부수고
반죽하고 다른 것과 섞고 난 후에
도달하는 경지이다

187

콩은 두 쪽이다.
두 쪽이 하나로 있을 때만 움이 튼다

188

입과 귀 그리고 눈으로 일하는 사람들은
그것을 노동으로 생각하지만,
보통 사람들은 그렇게 생각하지 않기 쉽다

189

싸게 산 물건이라도 쓰지 않고 두면
큰 지출이고
비싸게 산 물건이라도 잘 쓰면 작은
지출이다

바람 *365*

190

열매를 맺기 위해서
화려한 꽃은 떨어진다, 인생도 꽃이
떨어져야 익는다

191

자신감이 있으면

너그러워지고

너그러워지면 모두를 편안하게 한다

192

늙어가면서

부끄러운 모습을 보여주고도

조금 덜 부끄러운 관계가 부부다

193

다리가 무너지면

대형 사고라고 하면서

친척 관계가 무너진 세상을 아무 생각

없이 산다

194

아무리
올바른 주장이라도 자제력을 잃으면
추한 꼴을 보여주기 쉽다

195

아름다운 북두칠성이라도 구름에 가리면
무용지물이다

196

신발은 두 쪽이 함께 걷지만 서로 다르게 닳는다

197

미래에 일어날 일에 대하여
자기에게 유리하게만 해석하는 건
실패를 자초하는 일이다

198

낭비만 하지 않아도
평생을 돈 걱정하지 않고 살 수 있다

바람 365

199

늙으면 죄를 짓지 않아도,
죄인처럼 살아야 할 때가 많다

200

이 세상에 유일하게 남아있는 원시인의

모습이 부부생활이다

201

자기의 감정을 조절할 능력이 약할수록

자기의 삶은 고단해 진다

202

헤어진 후에 후회가 된다면
자존심을 버리고
빨리 되돌아가는 것이 현명한 길이다

203

하고 싶은 말이 있어도
참는 것은
조금 더 숙성해지기 위해서이다

204

안 보겠다고 고개를 돌리면
보고 싶지 않은 것까지 보일 수 있다

205

나이를 먹어서 늙어가는 것이 아니라

몸이

아파서 늙어간다

206

안목 있는 옷가게 주인이
안목 있는 손님을 불러모은다

207

젊었을 때는
남과 같아야 한다고 생각하고
나이가 들면
남과 달라야 한다고 생각하기 쉽다

208

비싸고 무거운 가방을 버리고
종이 가방을 들었더니
무겁던 세상이 가벼워졌다

209

소나기야!
실컷 울어라,
한참 울고 나면 맑은 태양을 볼 거다!

210

의자를
처음 사다 놓고 앉아 보니 어색했는데
계속 앉다 보니 내 취향이 되어 버렸다

211

꽃 진 자리에 다시 피는 꽃은 없다

212

자기에게 충실하다 보면 남을 탓할
시간이 없다

213

자기가 기고만장한 것을
깨닫게 되면
이미 모든 실패가 자기를 포위하고 있을
것이다

214

차가운 세상이다,
따뜻한 차를 마주 놓고 앉아
따뜻한 이야기로 서로를 위로해 보자

215

돈이 세상을 지배하다 보니
모두 사장님이 되었다

216

세상은 수많은 인재가 묻혀 있는
인재 공동묘지이다

217

정말 머리 좋은 사람은
성적 좋은 사람이 아니라,
욕심부리지 않고 평범하게 살 줄 아는 사람이다

218

자기의 배우자가
소중한 사람이라고 생각할 때
자기가 행복해진다

219

식당은
다시 먹고 싶은 음식이 있을 때가 좋고
사람은 다시 보고 싶을 때가 좋다

220

책은
크기로 구별할 것이 아니라
그 필자가 어떤 무게로 썼느냐로
구별해야 한다

221

양심 있는 사람은
속이고 사는 것보다
잘못을 인정하고 사는 것이 편하다는
것을 안다

222

사람에게는 어리석음을 배우기 쉽고
자연에서는
지혜를 배우기 쉽다

223

잘난 사람이 하도 많다 보니
스승과 제자가 없는
세상이 되었다

224

뜨거운
물을 마시다가 입천장을 데었다.
첫사랑도 그렇게
아프고 오래 낫지 않았다

225

인간에게
계급이 있다고 생각하는 건 죄를 짓는
일이다

226

불이 과하면 밥이 타고

인생이 과하면 삶이 탄다

227

눈을 떠도 눈물이 나고 눈을 감아도
눈물이 난다,
나라를 구하다가 목숨을 바치신 분들께
정화수 한잔 떠올린다

228

들판은
거칠게 자라는 엉겅퀴나 곱게 자라는
제비꽃이나
차별하지 않고 꽃필 자리를 내어준다

229

밤길에
홀로 서 있는 가로등의 고독을 이해하는
사람들의 발길이 뚝 끊겼다

230

의미 있는 책을 사서
지인들에게
나눠주는 것은 기억을 함께 선물하는
일이다

231

눈이 큰사람은
눈이 작은 사람이
자기만큼 볼 수 없을 것이라고 착각할
수 있다

바람 *365*

232

사람은 태어나면서부터 95%의 자연을

공짜로 받고

5%만 자기의 노력으로 살아간다

233

무심한 듯 다정하고
다정한 듯 무심한 것이 참 좋은
교육방법이다

234

자기 집 화단의 꽃은 건사하지 않는
사람이
식물원에 꽃 보러 가는 것은 무슨
심리일까?

235

비난을 받은 날도
어제이고 칭찬을 받은 날도
어제이다,
오늘은 새로 시작하는 날이다

236

사람들이 완벽하다면
예수님이나 부처님이 왜 필요하겠어!

237

우리는
어렸을 때 부모님이 만들어주셨던
음식도
자기 식성에 맞는 것만 기억한다

바람 *365*

238

이웃을 많이 아는 것은 삶을 살아가는
능력이다

239

같은 말이라도
어떤 사람은 실패하는 쪽으로 듣고
어떤 사람은 성공하는 쪽으로 듣는다

240

최선을 다했다면
결과와 관계없이 자기를 칭찬해 주어야
한다

241

아내의 잔소리가 듣기 싫은 걸 보니
내 잔소리가 아내도 듣기 싫겠구나!

242

나에게만 잘하는 사람이
좋은 사람이 아니라,
누구에게나 잘하는 사람이 좋은
사람이다

243

목표를 정하지 않고
떠나는 여행도 멋진 일이다,
매일 도착하는 곳이 목적지가 될 테니까

244

가을은
세월에 물을 들여
스스로 빛낼 줄 아는 계절이다

245

방바닥이 따뜻하면 잠이 잘 오지만
뜨거우면 잘 수가 없다

246

부끄러운 일은
부끄럽지 않다고 고집을 피워도
부끄럽다

247

고추의 본래 맛은 매운 것이지만
맵기만 하면 고추가 아니지,
달콤하고 아스라한 맛까지 있어야
고추지

248

남의 말에
귀 기울이는 사람은 신뢰가 있다
신뢰 없는 사람은
이웃을 얻을 기회가 없다

249

걸치레하려는 마음이 거짓의 시작이다

250

물고기가 미끼를 물면 낚시에
걸리기 마련이고, 낚시에
걸린 물고기는 입이 찢어지기 전에는
벗어날 수 없다

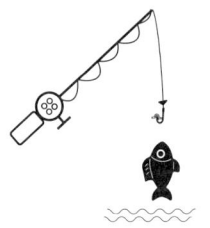

251

검침원이 수도가 터지지 않았느냐고
전화가 왔다,
집을 비우면서 틀어 놓은 물이 과하게
흘렀나보다,
인생도 표나지 않게 흘러간다

252

자루에 물건을
많이 넣으려면 꾹꾹 눌러야 하듯
마음을 다스리기 위해서도 꾹꾹 눌러야
한다

253

세상에 비슷한 사람은 많지만,
똑같은 사람이 없어서 자기의 길이 있다

254

세상이
늘 내 편에 서 있을 거라는 생각은
착각이다.
하늘은 누구에게나 공평하다

255

비판받는 것을 두려워하지 말라,
자기에게는 더 많은 장점이 있다

256

어려서
마음에 생긴 상처는
나이와 같이 자란다

257

그리움이란
가을 하늘 구름 같은 것,
그리운 사람이 먼저 전화를 걸자

258

봉사하다 보면
여행자의 마지막 날 지갑처럼
가벼워지지만,
보이지 않는 보상이 따라온다

259

귀담아듣다 보면 함부로 하는
말속에서도
건질 말이 있다

260

늙어서 돈을 벌 수 없게 되었다면
삶의 경륜이 쌓인 잠재능력을 찾아볼
필요가 있다

261

설탕을 자꾸 먹으면 이가 썩듯이
세상의 달콤함에
취해 있다 보면 인생이 썩는다

바람 *365*

262

지나치게 남의 말에 휘둘리다 보니
내 인생은 사라지고
남의 인생을 산 것 같다

263

돌출된 생각을 한 사람보다
보편적인 생각을 하는 사람들에 의해서
세상은 돌아간다

264

얼굴은 가끔 씻어도
부끄럽지 않을 수 있지만,
마음은 매일 씻어야 겨우 부끄러움을
면할 수 있다

265

수백 마리의 반딧불이가
한 개의 등불보다는 어둡지만
한 마리의 반딧불이가
수백 개의 등불보다 아름다울 수 있다

266

많은 가능성이 있는 곳이
세상이고
수많은 불가능이 있는 곳이 세상이다

267

여름밤이 짧다고 해도
짝을 잃은 기러기에게는 너무나 길고,
겨울밤이 아무리 길다고 해도
한 쌍의 원앙에게는 너무나 짧다

268

낙엽이 절망이 아니라 희망이라고 읽을
수 있는 것은
오랜 경험에서 얻을 수 있는
깨달음이다

269

사람들은 노랫소리가 아름답다고
하지만,
우리 아기 옹알이보다는 못하다

270

착하고 고운 여자가 내 아내였다고
유언한다면,
아내는 최고의 찬사를 듣는 것이고,
남편은 최고의 삶을 산 것이다

271

지금 와서 생각하니 젊었을 때는 별일도
아닌 일로
참 많이 싸웠다

272

고향에 살면서도
마음은 타향에 있는 사람이 있다,
그런 사람은 어디에서 살아도 고향이
없다

273

여행도 해봤고 취미생활도 해봤고
결혼해서
손주까지 얻고, 아침저녁 거르지 않고
몇 명의 친구도 있으니 여한이 없다

274

당신과 견해가
다른 말에 집중하라,
그곳에 당신이 찾는 깨우침이 있을 수
있다

275

양심은
가시공 속에서 산다,
찔리지 않으면 양심도 아니다

276

만드는 것은 아무것도 아니다,
그렇게 만들 생각을 해낸 것이 대단한
일이다

277

내일이 궁금하거든 자기의 오늘을 보라,
오늘은 내일을 키우는 잔뿌리다

278

가을비는 변덕스럽다,
가을을 좋아하는 내 마음에 변덕이
스며들까 걱정이다

279

해는
어둠을 밀어내는 승리자이고
달은 어둠과 함께 사는 조력자이다

280

아름다운 꽃을 보면

사람들의 발길이 머문다.

나도 사람들이 머무는 꽃밭이면 좋겠다

281

귀를 열어야
새소리도 아름답고
눈을 떠야 밤하늘의 별도 찬란하다

282

풀을 뽑다 보면
뽑히지 않고 뚝뚝 끊어지기도 하는데
그것이 풀이 할 수 있는 최후의
저항이다

283

피검사를 하면
건강상태를 다 알 수 있다고 한다.
피검사로 사람의 마음도 볼 수 있으면 좋겠다

284

삶은 혼자 앞서가는 것이 아니라 손잡고
함께 가는 길이다

285

책을 읽지 않고 예단하는 것은
저자를 욕보이는 것이고
인생을 살아보지도 않고 예단하는 것은
생을 욕보이는 일이다

286

세상은 배워야 할 것과 배우지 말아야
할 것이
혼재되어 있는 공간이다

287

생각의 충돌은 다툼을 일으키지만
창작과 발명이 일어나게 할 수 있게
한다

288

늙어가는 자기를 사랑하자,
수많은 갈등을 잘 타협하며 살아오지
않았던가?

289

마음의 평화를 위해서
초침 없는 벽시계를 건다

290

정원사는 자기의 마음대로 구부리고
잘라내고 접붙이지만,
정원사의 의지와 관계없이 가지는
자란다

291

피아노는 평생 풍류만 즐기며 산다.
그러나
아무도 그를 탓하지 않는다

292

겨울에
사람들은 그대로 지나가는데
개는 노숙자 앞을 지나가면서 짖는다

293

마음만큼 자유로운 존재가 있을까?
천당에도 가고 지옥에도 간다,
자기가 감당할 수 없는 곳까지 간다

294

서 있을 때보다
앉아있을 때가 시간이 잘 가고
앉아있을 때 보다 누워 있을 때 시간이
더 잘 간다

295

공간은
누구의 추억이 서려 있는 곳이다.
누가 이어받아 추억을 쌓아갈 곳이다

296

땅속에서 뿌리가 자라듯
사람들 간에도 보이지 않게 뿌리가
자란다

297

웃는 것은
아주 쉬운 일 같지만 가장 어려운 일 중
하나이다

298

태양은
매일 다양한 아름다움으로 하루를
마감하는데
나는 어떤 모습으로 하루를 마감하는가?

299

사람들은 보고 싶은 것만 보려고 한다,
지식인은 더 그렇다

300

삶은
오전이 꿀꿀하면
오후가 수월하고 오전이 수월하면
오후가 꿀꿀하다

301

행동을 가볍게 하면
사고를 당하기 쉽고
말을 경솔하게 하면 관계가 끊어지게 하기
쉽다

302

함께
살아갈 사람을 만드는 것은
일생 중 한시도 포기할 수 없는
사명이다

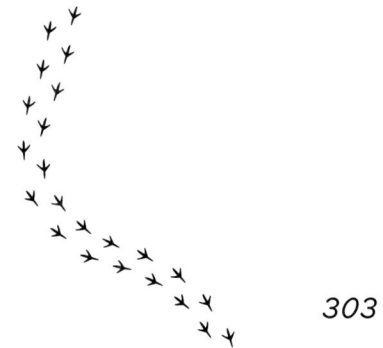

303

눈 위에 찍힌
새 발자국은
첫사랑의 발자국처럼 오래가지 않는다

304

하느님이
모든 생명체에게
질병과 죽음을 준 것은 생명의 소중함을
깨닫게 하려 함 때문이다

305

상인이 번 돈은 온몸을 깎아서 판 돈이다

306

인식이 옳더라도 방식에 문제가 있으면 기대하는 성과에 도달하기 어렵다

307

그림은 누가 그려도
세상에 하나밖에 없는 유일한
창작물이다

308

이해타산에 빠른 사람은
똑똑해 보이기는 하지만, 인간적으로
보이지는 않는다

309

부부는
이겨봐야 본전이고 지면 이익이 되는
이상한 계산법이 통하는 사이이다

310

당신이 하는 일이
얼마나 멋진 일인가,
당신의 고단한 하루가 세상을 멋지게
만든다

311

동물이 느끼는 경계심은
사람보다 강하다,
사람보다 순수하기 때문이다

312

집에 고양이가 있으니
참새가 사라지고,
참새가 날아가니 나무울타리에 벌레가
생긴다

313

독이라는 글자에서 한 획을 빼면 득이
된다

314

병원 침대는
머리 다리를 마음대로
올렸다 내렸다 할 수 있게 만들어졌다,
그 침대에 익숙해진 나는 환자다

315

창밖에 단풍이 참 아름답다,
한번을 더 보면 일 년을 더 사는 것이고
열 번을 더 보면 십 년을 더 사는
것이다

316

노동을 적당히 하면
운동이 되고,
운동은 넘치게 하면 독이 된다

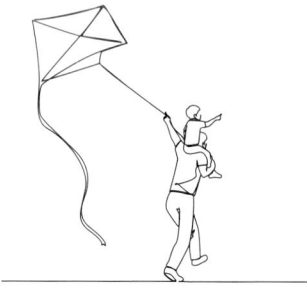

317

과일은 썩었는지 아닌지를
껍데기만 보아도 대강 알 수 있는데,
사람은 겉을 보고는 짐작이 안 간다

318

사람들이 하도 흔들어놓으니
지구가 여름인지 겨울인지 분간하지
못하는 것 같다

319

승강기를 같이 타는 것은 멋진 일이다,
한 시대를 함께 사는 인연이다

320

나보다 어려운 사람이 있다는 것은
내가 넉넉하다는 뜻이다

321

동물들은
울타리 안이 풍족하면 밖을 보지 않지만,
사람들은 안이 풍족할수록 밖을
쳐다본다

322

웃음은
웃음 있는 곳으로 모이고
불만은 불만 있는 곳으로 모인다

323

자연 속에
꽃과 나비가 살 듯이
사람 마음속에도 꽃과 나비가 산다

324

내 생사여탈 권은
내 것이 아니다,
수술 전에 보호자가 서명하는 것을 보면
안다

325

자기를 훈계할 줄 아는 사람이
남을 훈계하면
세상이 태평해진다

326

젊은 청춘들아 망설이지 마시라,
자네의 배우자는 돈 많은 사람이 아니라
참된 사람이다

327

떠돌이 개라고 괄시하지 마라.
어느 날 어느 부잣집에 들어가려고 할 때
그 개가 대문을 지키고 있을지도 모른다

328

닭은 온기로 새 생명을 탄생시키고
사람은 온기로 세상을 데운다

329

나이가 들면
하나를 둘로도 보고, 둘을 하나로도
보게 된다

330

비굴하지 않은 사람은 좀 까다로워
보이지만,
대부분 양심적이다

331

우리는
아무에게도 피해를 주지 않는다는
핑계로
죄를 짓는다

332

앞서가는 사람들아,
앞에 산이 있다고 멈춰 서지 마라,
그 산이 마지막 산일 수도 있다

333

햇살 좋은 날
빨랫줄에
잘 걸려 있는 빨래는 꽃이다,
꽃밭에 옹기종기 둘러앉은 가족사진이다

바람 *365*

334

어렸을 때는

배고픈 일이 그렇게 서러운 일인 줄,

그때는 몰랐다

335

겨울은
온 세상을 하얀 눈으로 덮고
한 해를 마감하기 위해 정좌에 드는
계절이다

336

힘들고 어려울 때는 하루살이를 보자,
하루살이에 비하면
우리는 얼마나 많은 기회가 있는가?

337

여성과 남성의 시계는 상당히 다르다,
상대방의 시계를
읽지 못하는 편이 더 고통스럽다

338

세상에는
어처구니없는 일이 너무나 많이
일어난다,
그 속에서 내가 산다

339

낡은
옷은 절약하기 위해서도 입지만,
추억이 서려서도 입는다.

340

하느님은 인간에게
행복을 주기 위해서 서로의
마음이 보이지 않게 만들었다

341

아주 오래된
일을 잊지 않고 기억해 줄 때
상대방이 감동하게 된다

342

세상에는
돈은 많은데 가난하게 사는 사람과
돈은 없는데
부자로 사는 사람이 함께 산다

343

눈코입귀 팔다리
모두 큰 불편 없이 작동된다
누군가에게는 기적인
일들을 나는 아무 생각 없이 산다

344

사람들이
인정하지 않는 명예는 명예가 아니다,
자신이
자랑한다면 오히려 굴욕이다

345

꽃잎은 시들면 떨어진다.
어리석은 자들은 자기의 꽃은 영원히
지지 않을 거라고 믿는다

346

한번 물어보면 한번 창피하고
한번 묻지 않으면 평생 창피할 수 있다

347

꽃향기는
꽃나무 가까이 갈수록 깊어진다

348

빚이라고 하면 돈빚만 있는 게 아니다,
저무는 해엔 마음 빚부터 갚자

349

외모에
충실한 사람은 실용성에 소홀하기 쉽고
실용성에
충실한 사람은 외모에 소홀하기 쉽다

350

정직하고 근면하면 누구에게나 인정받는
사회가
올바른 사회이다

351

소나기 소리가 깊게 잠든 사람을 깨우지
못하듯
아무리 좋은 말도
교만한 사람의 귀에는 들리지 않는다

352

태풍은 우리의 삶을 뿌리째 흔든다,
사랑도 그렇게 왔다 간다

353

자식 사랑하는 만큼
효도한다면 최상이겠지만,
효도는 늘 거기까지 미치지 못한다

354

걷는 것보다
달릴 때 넘어질 확률이 높다는 걸
모르는 사람은 없다,
그런데 우리는 앞뒤 보지 않고 달린다

355

젊었을 때는
관심 있는 쪽에 기회가 기다린다,
무모한 도전도 경험을 쌓는 일이다

356

추운 날이 상당히 추워야,
따뜻한 날 고마운 걸 느낀다

357

자전거를 타고
내려가기 좋다고 멀리 내려가지 마라,
돌아오는 길은 오르막길이다

바람 365

358

일용직에 팔려가서
일당을 챙겨 주머니 깊숙이 넣고
돌아오니
처자식이 문 앞에 나와 활짝 웃는다

359

중요한 일은
농담처럼 말해서는 안 된다.
중요한 일일수록 그만큼 오해가 깊을 수
있다

360

누구의 소원을
대신 빌어주는 것은 성스러운 일이다,
어머니는 성직자다

361

달이라고
쉬어가고 싶지 않을까?
해라고 다리 무거울 때가 없을까?

362

몸을 다쳐서
치료하는 시간보다 마음을
다쳐서 치료하는 시간이 더 길다

363

보름달은 하나인데
바라보고 비는 사람은 수없이 많다,
달이 힘들겠다

바람 *365*

364

그래!
우여곡절도 있었지만 잘 살아온 거야,
그리고 잘살고 있는 거야

365

돌아서서 생각해 보니
어제가 나를 오늘로 밀고 왔다,
기쁜 일이든 슬픈 일이든, 잘한 일이든
잘못한 일이든 다 나를 만든 조력자였다

이태규 단시 선집

바람 365

발행일	1판 1쇄 2025년 3월 14일
지은이	이태규
펴낸이	박영호
기획팀	송인성, 김선명
편집팀	박우진, 김영주, 김정아, 최미라, 전혜련, 박미나
관리팀	임선희, 정철호, 김성언, 권주련
펴낸곳	(주)도서출판 하우
주소	서울시 중랑구 망우로68길 48
전화	(02)922-7090
팩스	(02)922-7092
홈페이지	http://www.hawoo.co.kr
e-mail	hawoo@hawoo.co.kr
등록번호	제2016-000017호

ISBN 979-11-6748-223-5 03810

값 15,000원

* 이 책은 저작권법에 따라 보호받는 저작물이므로 무단 전재와 무단 복제를 금지하며, 이 책 내용의 전부 또는 일부를 이용하려면 반드시 저작권자의 서면 동의를 받아야 합니다.